Wolfgang Nöckler

ich leih mir kurz mal dein gesicht

Gedichte

*pyjamaguerilleros**

Wolfgang Nöckler

ich leih mir kurz mal dein gesicht

Gedichte

pyjamaguerilleros*

Bibliographische Informationen der Deutschen Bibliothek:
Die Deutsche Bibliothek verzeichnet diese Publikation in der Deutschen Nationalbibliographie; detaillierte bibliographische Daten sind im Internet unter htp://dnb.ddb.de abrufbar.

ich leih mir kurz mal dein gesicht.
Gedichte.

Edition:
`pyjamaguerilleros*`
Mitterweg 115/25
A-6020 Innsbruck

Lektorat: Maria Schätzer
Cover/Gestaltung/Satz: Kulturrebellen Productions
Herstellung: Books on Demand GmbH, Norderstedt
Erscheinungsort und -jahr: Innsbruck 2014

Nr. 15 der Reihe
`pyjamaguerilleros*`

ISBN 978-3-9503021-5-8

2. Auflage 2016

** Kleinverlag von Cognac & Biskotten - Dem Literaturclub mit dem Wow-Aha-Effekt - www.cobi.at - der unterstützt und gefördert wird von:*

ich & mein wort danken:

meiner familie, die meine lyrischen ansätze seit jeher wachsen sah, manchmal ertragen musste, doch meistens unterstützte
maria, die durch ihre kunst meine kunst nährt (& wie ich hoffe auch umgekehrt)
thomas für das bieten einiger wunderbarer möglichkeiten
maria schätzer für das durchsehen der buchstaben
all meinen inspirationsquellen
meinen freunden
& nicht zuletzt: dem schönen wetter (auch wenn es regnet)

Ich schweige wie ein Grab
(doch jenes ist das
des Propheten)

märzwinter
[der zu opfernde]

der winter nimmt keinen dietrich
zum einbruch im märz
und es gibt viele gefallene
flocken an der kaltfront
die lage aber
wird bald brenzlig sein
und grausuppig, unlustvoll
denn winterflügel schließen sich
bereits am nächsten sonnentag

der frühling hat schon seine fühler
entstaubt im märz
und tanzt durch die welt,
sät erwachen in farbe
kaltgestellte tage
werden bald selten sein
erfrierungslos, scheu
und der märzwinter opfert sich
auf dem altare des april

beschwur

tausch aus deine birnen
mein leuchtender pfad
sonst führen die wege mich irr
gestatte mir licht
gestatte die tat
dass ich sehe, den knoten entwirr
wann wurdest du finster
ab wann war ich blind
warum entging mir der verlust?
ein spiel könnt es sein
ein spielendes kind
das suchen zu machen zur lust
tausch aus deine birnen
und leuchte für mich
das kind das ich war ist dahin
ich kann nicht mehr suchen
doch finde ich dich
wenn ein bruchteil davon ich noch bin

kurz gewarnt

man kann von uns verlangen
was immer man möchte
man sollte bloß nicht
erwarten, dass

man kann mit uns machen
was immer man sich vorstellt
man sollte bloß nicht
meinen, dass

man kann über uns sagen
was immer man denkt
man sollte bloß nicht
behaupten, dass

man kann
was immer
man sollte bloß nicht

sonst

hätte ich bloß

was hätte ich bloß alles hätten können
hätte ich bloß gehättet
ich hätte groß und breit
rauf und runter
hätte immer
hätten können

oh hättejatäte!

ich hätte im kleinen
hätte im durchschnitt
und hätte in der menge
alles hätte ich gehättet
hätte ich bloß

hätte ich dieses
hätte ich jenes
ich würde haben: ich hätte gehättet
und dennoch: hätte ich anders
immer
würde ich sagen: hätte ich bloß
denn
es gibt halt immer was
zum hätten

tun, sagte er
tun der Fisch
denn es bleibt dir
kein Wal

nur ein mensch

die berührung durch einen menschen
kann nur ein mensch vollbringen
ein gesprochenes wort in dieser weise
verstehen kann nur ein mensch

den traum einer nacht
kann nur ein mensch erinnern
einen wunsch auf den lippen
hat nur ein mensch

einen kuss erwidern
kann nur ein mensch
was dazu fehlt
ist nur ein mensch

tote karotte II

ich hab eine karotte gewürgt
bis ihr der kopf platzte
& karotten haben keinen kopf
dann kaute ich so lange
auf einem nagel herum
bis der zahn fertig war
& der nagel wuchs ein
zwischendurch schloss ich
die augen
doch ich verlor den schlüssel
& war fortan blind
auch hab ich aus haaren
eine suppe gebrüht
& verabreichte diese der welt
schließlich werde ich ausziehen
um zu ernten, was ich säte
& werde nicht überrascht sein
wenn ich nichts finde
außer einer erwürgten karotte

jenes und dieses

dieses einstmals
dieses gestern
dieses damals
dieses nun
dieses sein
dieses wandeln
dieses weiter
dieses tun
dieses gehen
dieses wachsen
dieses lernen
dieses ich
dieses morgen
dieses werden
dieses leben
dieses licht
dieses sehen
dieses fühlen
dieses spüren
dieses du
dieses weiter
dieses wandern
dieses auf
und dieses zu
dieses streben
dieses altern
dieses wissen
dieses hoffen
dieses geben
dieses weihen
dieses sterben
alles offen

auf ein wort

auf ein wort
bin ich gekommen doch
es löcherte mich
die leere
und die satzzeichen waren
mir unterwegs
aus den taschen gefallen

;!   ?   :   .....

mathematisches verbrechen

aus deinem rucksack
subtrahiert
jemand deinen geldsack
addiert zuerst
seine hand
in die halbleere dunkelheit
nimmt die ahnung hoch zwei
während er die wurzel
seiner tat zieht
streicht dann
die besitzverhältnisse
auf beiden seiten
und subtrahiert wiederum
seine hand
plus
deinen geldsack
diesen dividiert er sodann
entnimmt den wert
und bringt sich zuletzt
auf die sichere seite
außerhalb der klammer
des verbrechens

hunger

bauch bauch bauch bauch bauch bauch bauch
bauch bauch bauch bauch bauch bauch bauch
bauch bauch bauch bauch bauch bauch bauch
bauch bauch bauch bauch bauch bauch bauch
bauch bauch bauch bauch bauch bauch bauch
bauch bauch bauch bauch bauch bauch bauch
bauch bauch bauch   bauch bauch bauch
bauch bauch bauch bauch bauch bauch bauch
bauch bauch bauch bauch bauch bauch bauch
bauch bauch bauch bauch bauch bauch bauch
bauch bauch bauch bauch bauch bauch bauch
bauch bauch bauch bauch bauch bauch bauch
bauch bauch bauch bauch bauch bauch bauch

ein abend

viele worte
im freundesschuppen
mit tiefgang
& holztor

viel vertrautheit
im kerzenlicht
mit seelenwäsche
zwischen alten kisten

schlaf ist

schlaf ist
meiner suche ende
und die wände
mit träumen bespielt
von hoffnung und

ich bin dumpf
mit hämmern
im hirn
von den taten
verraten, die ich nicht

schlaf ist
meiner taten ende
und die lende
im suchen deiner wärme
darin die unruh

im café II

ich tränk noch einen
schmeckt' er nicht
nach nichts
als ranzigem gesicht
ich nähm' noch einen
wenn er bloß
nicht einzig wär
beim preise groß
ich hätt' noch lust
und gern geschmack
doch hier wird nur
die zung' zerhackt
ich hätt' so gern
noch nen kaffee
doch nicht wenn er schmeckt
wie kamillentee

bestellung

ich hätte gerne eine kuh voll milch
ein schwein voll schnitzel
& einen baum voller äpfel
dann geben sie mir bitte
einen laib christi käse
& vom geschnittenen lauch ein feld
außerdem bräuchte ich
das korn aus fünf broten
& die herzen von zwei fischen
einen korb ohne schlange
& das blatt des propheten
packen sie mir obendrauf bitte noch
einen ihrer wünsche
& verpacken sie mir alles als geschenk

die schlange
können sie als schleife dafür verwenden

ja, ich bin ein wichser

ja, ich bin ein wichser
ich wichse die wände voll
mit meiner unansehnlichkeit
& ich wichse vom dach der überheblichkeit
ich wichse

unnahbarkeit

ich bin allein, doch ich wichse mir
eine welt
wichse mir hörige menschen, denen
ich nicht zu befehlen brauche
& ich wichse sie schön
ich wichse mich über alles hinweg
denn vor jahren schon
erwichste ich mir die erkenntnis: wichsen
hat suchtcharakter

ich kann nicht anders, ich bin
ein wichser
& als ich damit begann
verwichste ich mein leben
ich wurde abhängig & musste es immer wieder tun
& heute
wichse ich auf der straße
ich wichse bei der arbeit
ich wichse in der kirche
weil ich nicht anders kann

weil alles wichsen ist
für mich

mit onanie hat das nichts zu tun

aufruf von innen
(zum tag der arbeit)

du musst doch ins bett
hämmert das gewissen
vergiss nicht die pflicht
und geh noch mal pissen

hörst du nicht das rufen
es kommt aus dem schlaf
du musst nicht lang warten
du zählst bloß ein schaf

die träume sind farbgeil
als wär'ns auf lsd
und du schenkst aus angst
dem bett einen blasentee

sie sagen das aufstehen
sollst du nicht vergessen
und geben dir pflichten
von morgen zu fressen

du musst aus dem bett
hämmert das gewissen
vergiss nicht die pflicht
und längst warst du pissen

das eine das andre
die angst die regiert
du lebst nie in frieden
und du wirst sekkiert

vom innen vom rufen
gewissensdiktat
entscheid dich und lebe
es hilft nur die tat

mein liebchen

mein liebchen hat pfoten
und wenns will
dann wills
und samtene blicke
und nasen
gefühl

mein liebchen hat haare
doch niemanden
störts
und viel kann es riechen
und noch viel mehr
hörts

mein liebchen hat hunger
und wenns will
dann wills
da werden die laute
ganz schnell zum
gebrüll

mein liebchen hat vorfahrt
da gibts kein
pardon
ich bin ja nur gast hier
in ihrem
salon

ich habe keine Ahnung
oder doch
da ist ja noch eine!

impression #0

nähe, berührung
dein atem an meinem ohr
zitternde worte
im hauchvollen raum

dein haar zwischen meinen fingern
ein kuss & ein blick
dann ein stundenlanges fallen

das erwachen schließlich
in deinen armen
dein heißer schenkel
an meinem
dann

ein stundenlanges fallen

das hintenrum

zugetragenes führt zu stichen
und das kind schlägt um sich
immer schon war das so
immer schon
vor allem seit das kind
erwachsen ist
sticht die welt

das kind
glaubt immer noch an kinderkraft
doch seine hände sind zu groß
sein schlagen kann töten
muss töten
denn die welt
sticht zu sehr

hintenrum durch
abgenützte münder
kamen die alten stiche
füllten das alte fass
dabei
raucht das kind
längst pfeife

doch wer wills dem kind verdenken
dass es schreit ich bin keins
wo es doch keins ist
hinter seinem bart
nichts mehr ist da noch kind
außer
dem alten schmerz
ganz hinten im herzen

rettungsaktion für allzuerwachsene

ich komme um die kinder
abzuholen
die ich bestellt habe
damals im regen
die kinder, die
du für mich gezeugt hast
zum zeitvertreib
an der tankstelle
mit den hohen preisen

ich komme um die kinder
mitzunehmen
damit sie die meinen werden
unter der hochlandstraße
die kinder, die
du für mich eingepackt hast
in die taschen
der reichen passanten

ich komme um in die kinder
zu gehen
die du in dir versteckt hast
damit sie nicht fortkommen
die kinder, die
du für mich geleugnet hast
vor den richtern
der dunklen monde

ich komme um die kinder
zu befreien
die ich zum schlaf verdammt habe
damals im regen
die kinder, die
du nie gesehen hast
aus kurzsichtigkeit
trüber tränen
& verlust des kindes

klinische diagnose, stempel I

scharfe schwerter lautlos
klinischer diagnosenmacht
wandelt der götterblick
in unkritik
und einteilung

ins schiefe licht polternd
ein weltengang, jäh besteint
aus der willkür
des fehlenden
zweiten blickes

ich müsste was tun

es überrollte mich stets die
notwendigkeit, etwas zu tun
bloß was, das wusste ich nie
ich ging übers wasser, doch versank in der luft
ich sank vor der zeit auf die knie

wenn unten doch oben
wenn liebe normal
wenn einfachheit:
einfach so:
wär
für's erste wär's leichter
für's zweite wär's schwer
für's ende
wär alles:
zu leer

in jedem der fälle
ich müsste was tun
ich sink mit der zeit auf die knie
doch bleib ich mein mensch so lange ich bin
der notwendigkeit ergab ich mich nie

nachtwerks

nachts
nachts, das werk
nachts hat das werk
nachts hat das werk farbe

farbe hat nachts das werk
farbe hat nachts
nachts, das werk

im schwarz

aus dem schwarz
nachts, das werk
aus dem schwarz die farbe

nachts
nachts, zum werk

eines künstlers klage

oh wir armen künstlerseelen
die wir uns durch künste quälen

kunst, das herz lebt gut davon
kunst, der beutel weniger
doch es steckt ein großer lohn
im tun. sagt der beschöniger?

oh wir reichen künstlerseelen
es lohnt sich stets, dich kunst zu wählen!

künstlerische terrorwarnung

ich warne euch
ich warne euch alle
wenn ich nicht
sofort berühmt bin
ich sags euch
dann zünd ich die kunst an
ganz ehrlich und
ich hab euch gewarnt
ich tus
ich zünd sie an
auf dass sie gänzlich
verbrenne
die kunst

mir ist es egal
wenn ihr sagt
ich solls tun
wenn ihr sagt
ich bin nicht berühmt
dann sagt ihr
ich solls tun
und ich zögere
nicht
ich warne euch

ich zünde die kunst an
und dann
wird niemand mehr wissen
was das alles bedeutete
sie wird brennen
die kunst
und ich mit ihr
ich warne euch
alle
ich entzünde mich
kunstvoll

wo:zu

tausend dinge
denkbarkeiten
durch die welt
und augen zu
zu den schlüssen
aus den rätseln
immerfort
den rädern zu
zu den fragen
durch die zeichen
augen auf
wo ist mein du
du bist fassbar
denkbar tastbar
du ein spiegel
ich bin du
zu den größten
wahn und sinnen
zu den kleinsten
nennern, zu
diesem jenem
einem zweck
zu wissen, etwas
dafür zu
zu den sternen
ohne banner
zu den sinnen
lichtern zu
zu den herzen

zwischen zeilen
in die sonne
augen zu
augen auf
zu horizonten
weltenwandern
ohne ruh
schlafend wandeln
durch ein leben
wachen sinnes
dafür zu
zu dem ende
keine wehmut
keine rücksicht
ohne zu
dem was leben
hat geboten
reife frucht
der ernte zu

universitäre impression

am tisch der alkoholiker
gibt es waffeln
und die blicke der lernenden
machen die welt kleiner
stoffgebunden
sind die existenzen
und die hastig geleerten
kaffeebecher
bleiben als waisen zurück
rastlos huschen
durch die gänge begierige
schlüpfen zurück in die welt
oder suchen weiterhin
unbeschreibliches

worte sind des todes nicht

vier finger
zerdrücken ein wort
und einer
nimmt ihm den atem

doch einzeln
schlüpfen die buchstaben
zwischen der haut
ans licht
und von der luft
braucht es nur die idee

ein wort
ist mit fingern
nicht tot zu bekommen
im atem
wird es neu geboren
und schweigt vielleicht
gehalt

träume, einzubringen, weg vom tag

von müdigkeit halbtot geprügelt
spreche ich mich frei von tat
die augenlider wie verriegelt
& tief liegt schon die träumesaat

der schlaf soll täglich wunden heilen
ordnen, was der mensch verrückt
im dunkeln mit bewusstseinsfeilen
schärfen wo ein toter blick

zur ruhe kommend gehen träume
durch der seele klettersteig
es bricht der damm, es fallen zäune
ein bild gereicht zum fingerzeig

ich lasse mich nun endlich fallen
nur ruhen will ich, fort vom tag
nicht spüren jene spitzen krallen
zu denen ich gedanken sag

umflort von bildwerk schmilzt das scharfe
worte ritzen seelen nicht
mit watteträumen spielt die harfe
& sprachlos alle botschaft spricht

punkt.gedanke

wortlos steht der dichter
am wendepunkt
und betrachtet
die wegweiser
überlegt
für momente
den weg des schweigens
zu wählen
doch entscheidet sich
schließlich
wie stets
für den weg der pausen
zwischen ungesagten
worten

verkehrte welt

an den rändern
beginnt der mittelpunkt
und in den scheiteln
liegen täler

außen tropft das ab
was von innen kommt
und unter der erde
liegt ein himmel begraben

der duft
schmeckt nach tönen
und aus dunkelheit
besteht das licht

die zukunft
war gestern zu ende

Achtung:
Die Zugrunderichtung
ist die falsche!

wartestunden

hinter der wirklichkeit
        schleicht die verführung
und zwischen den welten
        verliert sich die zeit
unter den fingern
        von warmer berührung
ist herztonverstimmung
        zum weinen bereit
die finger sind träume
        bloß sehnen, bloß ferne
verführungsgedanken
        sind schwer wie das licht
die träume nicht fassbar
        wie jeder der sterne
die welten sind andre
        als gäb es sie nicht
das drückende warten
        das sehnsuchtsseeschwimmen
das wissen was fehlt
        ist innerer krieg
zwischen den welten
        wo träume verrinnen
dort hocken gefühle
        und singen ihr lied

selbstkannibalismus

die perfekte scheinwelt
baun wir uns aus glas
und doppelten ziegeln
außen alte träume
innen frischer wahnsinn
ausgekleidet, eingekleidet
und wir trinken
darin wie könige
unsere ältesten wasser:
perfekte klänge
die so nichtssam
und so ungleichmütig
alles sind
alles und doch nur schein

und jedes mal
jedes mal wenn wir
uns selbst verzehren
nach allem, außer uns
wenn die angst wiederkehrt
uns kehrt
und leer macht
und flucht uns reizt
vom selbstbetrug
dann hat die scheinwelt
den ewigtreuen gast
und die wahre welt
keine ahnung, dass
wie immer
jemand fehlt

bewegte lippe I

knabber an der lippe
bis runter zum gerippe
was ist bloß dieses schänden
ab & zu, in diesen wänden
die der körper sind, der meine
wo ich grenzen find & reine
blutkanäle, doch verkopfte
leiderseele & verstopfte
atemkehle, hie & da ein licht
es bricht
durch zellmembranen,
nervenbahnen, ficht getreu mit
dunklen fahnen: zweiflerschatten
hocken träge in des körpers
achtkantschräge, heißen beißen
auf die lippen während sie
so unklar kippen eine botschaft
an da draußen,
eine botschaft an das tun
klar wird so, dass: innen, außen
nicht im gleichen willen ruhn

gesichtsfrage

ich leih mir kurz mal dein gesicht
ich leih mir leih mir dein gesicht
dein ge dein ge ich leih mir kurz
ich kurz ich ge mal dein gesicht

ich leih mir kurz mal dein gesicht
denn meines weißt du steht mir nicht
ich ge ich leih ich brauch die sicht
ich leih mir kurz mal dein gesicht

die züge striche und die blicke
den ausdruck und das kopfgenicke
dein ge mein ge das passt doch nicht
ich leih mir kurz mal dein gesicht

ich geh und bitte halte dicht
ich nehme auch dein zweitgesicht
das dritte vierte meinetwegen
eines bloß sollst du mir geben

leih mir doch ich gebs zurück
dein ge ge ge mit sanftem blick
die haare nein die brauch ich nicht
ich leih mir bloß mal dein gesicht

ich nehms und schau durch deine augen
dacht ich mir dass die was taugen
dein au dein ge der sanfte stich
ich leih mir rasch und grüße dich

so leih mir leih mir leih verzeih
dein ge das au die hau für zwei
genug du hast ja wohl davon
ich bitte meine bitt belohn

gib her dein ge die na das se
gib her mach die gesichterfee
ich leih mir doch bloß dein gesicht
so ungewöhnlich ist das nicht

dein ge ich klebs wie alle andern
in die bücher soll es wandern
einmal nur statt meinem sein
das licht von dir für mich der schein

ach leih mir kurz mal dein gesicht
dafür bekommst du ein gedicht
dein ge mein ge wir sichten dichten
wenig ist sonst anzurichten

sagst du ja dann freu ich mich
ich frag ja bloß nicht dräng ich dich
mein wunsch ist klar braucht kein gericht
zudem verlierst du noch gewicht

leilei mir leih dein ge ge ge
dein ge mir leih ich bitte dich
ich geh dann fort und zeig dich he
die welt braucht öfter dein gesicht

ein letztes mal noch bitt ich dich
entlehne mir kurz dein gesicht
leih es mir und wehr dich nicht
du sagst ja stets du brauchst es nicht

ich leih mir kurz mal dein gesicht
ich leih mir leih mir dein gesicht
dein ge dein ge ich leih mir kurz
ich kurz ich ge mal dein gesicht

zeigen.

aus dem zweiten sms
des apostel paulus
an die korinther

#####################
danke für den fisch
habe morgen in ephesus zu tun
predigt um 9
preiset den herrn! lg, p.
#####################

aus einer straßenpredigt
[in lappland]

samen, samen ich sage euch
ihr habt früher anders geheißen
ihr lappen, ihr ehemaligen
sagt: putzt ihr nicht mehr?

ode an den schiss

oh, du schiss,
der du da
darniederliegest
in der vornehmsten
aller lagen!
oh, du schiss,
wie wird mir wohlig
wenn ich dich entlasse /
du mir entfährst
(entführest du mir nicht,
welch leiden hätt ich zu erwarten!)
doch wohl entkommst du mir,
entgehst du mir mit freuden
& liebend geb ich meine kraft
dahin, um dich zu tun!
oh, du schiss,
wie riechest du wohl
in deinem sinne
wie riechest du natürlich
für mich
der ich dich entließ
da ich geschehen ließ
was so ungern gesehen!
oh, du schiss,
endlich gestehe ich:
wie sehr ich dich liebe, gestehe ich
wie wenig du mir jemals fehltest,
sobald du gegangen warst, gestehe ich
& wie sehr ich dich ersehnte,
wenn du nicht kommen wolltest.
weißt du noch unser spiel,
am geheimsten aller örtchen,
ich gestehe: ich tat es gern.

und ich werde es wieder tun,
wohl im geheimen,
wo es am schönsten ist,
doch dass es geschehen wird ist gewiss,
oh schiss,
oh schiss,
oh schiss!

die fliegö

öööööööööö, ö ö öööööö
die fliege zum lichtöööööö
öö ööö öööööööö
ö!
die fliege sitzt

öööööööö fliegt die fliege weitöööööööö ö
öö klack klack ööö klackööööö
ööööö, die fliege lernt nichtööööööö, ö ö
öööööööö ö ööööö
ö!
die fliege sitzt
(ob die fliege denkt?)
nööö nöööööö die fliege nichtöööööö
lichtööööö licht, licht, lichtööööö
allein sie lenkt

ein kleiner bissen

(für pablo & lola)

lecker, würd sie vielleicht sagen
großes schmatzen nach dem jagen
so ein stress, könnt mancher munkeln
würden nicht die flügel funkeln
um das speisen geht's wohl nicht
das schnitzel hatte kaum gesicht
das fangen und das habenwollen
sie hätte sich verpissen sollen
doch wie soll man's der fliege sagen
nun ruht sie sanft in katzes magen

sonett-trilogie

sonett I
spielende kinder & katzen:
so nett!

sonett II
so zeig mir doch mal kurz dein bett
ich bitte dich, ach sei so nett!

sonett III
als ich letztens etwas trank
war ich plötzlich viel zu fett
& wie ich mich erbrach
war's wahrlich nicht mehr ganz so nett

mottes letztes gericht

vorspeise
süßes allerlei
aus
t-shirt, höschen
und diversen socken

hauptgang
gestreifte krawatte
an
gebügeltem anzug
und designhemd
mit hirschknopfdeko

nachspeise
mottenkugel

Der Mensch lebt nicht
vom Brot allein
am Brot
soll auch noch Butter sein
die Butter
sollte Schinken tragen
& Kaviar,
an guten Tagen...

erklärungsgesuch

erklär mir
was ein schnelles mädchen ist
ein blick,
bedeutungslos genug

erklär mir
wohin die küsse gehen
wenn sie aus den mündern fallen
& keinen namen haben

erklär mir
wo die lüge beginnt
& wie viel wärme,
anderntags
noch übrig sein darf

liebe auf eis

es bröckelt der nachtwind
es bröckelt die zeit
aus tausend stück träumen
ein wunsch sich befreit

die bilder sind töne
die worte sind licht
aus abermillionen
ersteht ein gesicht

dein name im nachtwind
es bebt mir der mund
ein brief für dein traumbild
er tue es kund

ich möchte dich lieben
es bröckelt die zeit
ins auge fällt regen
ein herz ist bereit

doch eines muss heilen
und zeit muss vergehn
die wärme des traumes
allein bleibt bestehn

so wisse, ich warte
es gibt keine zeit
es gibt einzig liebe
sie harrt auf geleit

das licht
der fremden stadt

der mensch ist fort
und fremd sind nun die häuser
möglichkeiten
sind aus der tür gegangen
mit der erkannten haut
und fremde häute
sind kein anzug, kein

das licht ist wohl
ähnlich, doch
leergehaucht
und dunkler als sonst
größer ist die fremdheit
wenn sie nicht da ist
und kürzer der mensch
der zurückbleibt

ölgesicht

ölgesicht
über kaltem wasser stöhnt
eine sturzflut nacht
ebbt ab im schlafe

strohhaarballen brennen
in tonlosem schwarz
ein traumwind gähnt
bilder an kahle klippen

milchgesicht
aus den tiefen steigt
ein gereiftes kind
verläuft sich im donnern der welt

in der zeitung steht:
panik bitte

grüne rote und au
tomaten zu verkaufen
ich möchte gern das ehec
zurückgeben
ach so, nur wolfsgeschrei
wie der parabeljunge
der dann

blöd bloß, wenn

der junge war ruiniert
gewissermaßen, also tot
aber immerhin hatte er sich's selber
eingebrockt
durch sein wolfsgeschrei

in europa jedoch
kann jemand in irgendeinem land schreien
und bei den anderen
kommen die wölfe

gesponnene vermeintlichkeit

sie, die sie ihre spuren hinterlassen
im netz
sich fangen lassen
und hinter die finger blicken

sie, die sich an nachschau ergötzen
und die daumen hoch
(kaum je tief)
teilzuhaben glauben .
.
sind sie eine gemeinschaft?. .
. . . . .
. . . . .
. . . . .
. . . .
. . .
. . . .
. . . .
. . . .
. . . .

wir, die wir spuren hinterlassen
gesagtes zu festgeschriebenem machen
bilder stückeln
urteile erwarten

wir, die wir durch die finger der anderen schauen
und die daumen suchen
(kaum je verweilen)

gehören wir dazu?

(und wenn wirs tun: wollen wirs?)

daher auch

daher auch
sagen meine züge
dass die tunnel
heller sind

und daher sprechen
worte sie die
ich nicht leiden kann

daher auch
dröhnt mein kopf
weil das schwere
leichter war

und daher wirken
kräfte so wie
monster hinterm damm

daher auch
fordern meine träume
dass die nächte
heller sind

und daher prügeln
bilder mich die
ich beschreiben kann

so ergeht es gekreuzigten

der schwamm mit
dem essig soll
die qualen verlängern
das zerbrochene weiter
zerkleinern damit
nichts zurückbleibt
als eine warnung
der grausamkeit

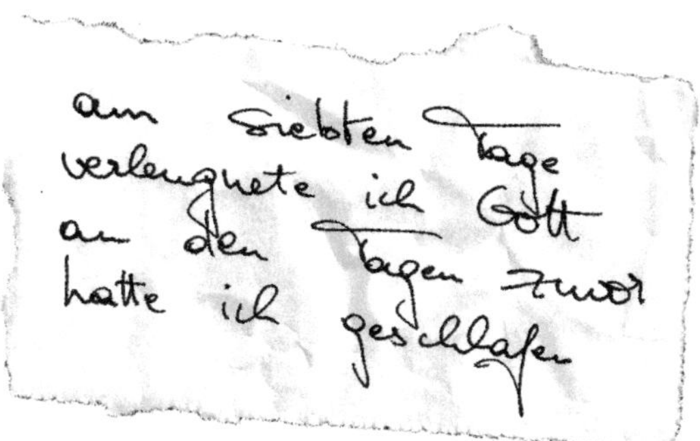
am siebten Tage
verleugnete ich Gott
an den Tagen zuvor
hatte ich geschlafen

fest:stellung

ich sterbe
schrittweise
aus mir heraus
und als leere hülle
bleibe ich irgendwo
nirgendwo

nichts,
zu wissen
zu sehen nichts
zu fühlen,
selbst die tränen fehlen
fürs leichenbegängnis

wie ein banner bin ich
ohne bedeutung
die fahne
eines längst vergessenen
landes
und ein toter könig

und kein volk

haar des schicksals

ins fleisch gestanzte zeit
und ein dunkles dämmern, irgendwo
leere haut geht
durchs bild und
hinterlässt spuren am schattenwerk, es
lief aus dem ruder, es
sank die armada im gegenmeer

herrische stille wankt
aus den häusern und
nackt bleiben die kinder zurück, die
niemand zeugte als der wind, der
dem schicksal
das haar in die
suppe wehte

griechisches pech

ein ungelesenes glück
liegt auf den straßen ein ungelegenes
stück neuer geschichten
und teppiche die zum
fliegen taugen
und wer es sieht hat
tantalusgeschick
und kommt nirgends hin weil
er nicht erreichen kann
was er begehrt
und wer es nicht sieht hat
samsonaugen
und geht darüber hinweg weil
er nicht erspüren kann
was er begeht
doch wer kind genug geblieben ist wird
lesen können
und fliegen
ohne ein held zu sein

déjà-vu

erkenntnis mit trangeschmack
der blick in den spiegel
und silberglas bricht

eine partitur unbekannter vorzeichen
zwischen den zeilen
noch mehr zeilen

gestern ging phönix in die asche
heute wurde der sturm geboren
morgen sind die spiegel wieder glatt

(und weiter wächst
die kreuzung aus lebensbaum
und verleugnung)

wasserreise

maiausflug
haben die tropfen
sie gehen
die erde besuchen

dazwischen
fenster, auf und zu
und sonnenkuss und
wolkenriss

dümpelnde schwaden
durchquerende
bilder
und ahnungen
der kühle
duft von nassem
horizont

und schwitzend
kehren
die ausflügler heim
anderntags
vergessend doch
im herzen
gewitterbereit

selbst
schuld

er
er
er
er
   war
erwar   er
er   tung   er
   war   war
        tung
er   wart
   war   wart
                             wart
erwartung
   wartung
er
er
   war   wart
                           wart
er   wart
   war   wart
                                  wart
                                    wart
        dumm

lektion

schwere mühlen an den steinen darum
die falsche wahrheit gewickelt und
don quijote im angriff in
der meinung, dann wind

sich in die herzgegend verlaufend

stotternde auskunft vor innerm gericht und
falsche beschuldigung des
durchgehenden rosses das
die sporen bloß, der idee

bevor der hahn dreimal

bittere tränen zwischen erkenntnis woher
galliger hauch und ein seufzen über
sinnlosen kampf und
kein zeitrad, gewächs

frühe klage

tränen und blut
in meinen furchen
und unverständnis
mein leib
ans kreuz gehängt
das du mir errichtet hast
während ich schlief

ich bin kein jesus
doch ein namenloser
verurteilter deiner meinung
kann nichts recht
und besser
machen da nichts
wie dein gedanke scheint

herz und stirn
so tief gefurcht
und ohne bestand
ist jene liebe die
im raume stand
den wir uns schafften
um nie darin anzukommen

aktsagerei

der letzte akt
vor tausend jahren
als felsmalerei
ins gedächtnis geritzt

der nächste akt
in tausend jahren
als vision
ins blut gemalt

dazwischen:
ein ich
und kein zweites

es ist die art

die groben spitzen
einer ungebändigten zeit
und das hohle
gestänge der geschichte
drängen nach
weniger

längst über dem zenit
dahindümpelnd
geht ein wahn um
und bläst
windesgleich
die ehre fort

geistesäcker verödeten
im utopischen all
tag und nächte
brachen ein
leugneten die sonne
sagten

kein ereignis
der großen zerstörung
wird es sein
es ist die art
die sich
auf die fahnen schrieb
heroisch zu vergehen

(und erfand dafür das wort)

nun also

nun also..
....
....
....dann.........................
....
....
....
.................sollte wohl...
....
....
....
..............................wohl gesolltes also.........................
....
....
.........dann: nun...
....
....dann sollte nun...........
....
....
....
..also...
....
..........................wohl...
....
....
....sollte gewolltes.

unrühmliche stille

keine lorbeeren mehr da
worauf zu ruhen
und viel land verbrannt
in den vergangenen
kämpfen die schatten
kürzer geschnitten
in den unendlichen nächten
der versuch eines lebens
mit gleichmut bewaffnet
fort mit dunklen hämmern
ideenräder geschlagen
und stumm ertrinken
lorbeerblätter in untat

wo:zu II

zu geben dem leben
dem leben zu geben
zu geben dem leben
dem leben zu geben
zu geben dem leben
dem leben zu geben   und nehmen
zu geben dem leben
dem leben zu geben   unternehmen
zu geben dem leben
dem leben zu geben   unterm nehmen
zu geben dem leben
dem leben zu geben   weiter nehmen
zu geben dem leben   und nehmen
dem leben zu geben   unternehmen
zu geben dem leben   unterm nehmen
dem leben zu geben   weiter nehmen

gegeben genommen
besonnen gekommen
besinnlich entronnen
gelebtes bekommen

zu geben zu nehmen
zu leben zu streben
zu geben zu nehmen
zu leben zu streben
zu geben zu nehmen   zu zielen
zu leben zu streben   zu zielen
zu geben zu nehmen   zu zielen
zu leben zu streben   zu zielen

zu zielen zu zielen   zu zielen zu zielen

<table>
<tr><td align="right">sie fielen zu vielen</td><td></td><td></td></tr>
<tr><td align="right">zu fallen sie spielen</td><td></td><td></td></tr>
<tr><td></td><td></td><td></td></tr>
<tr><td align="right">zu zielen zu zielen darüber</td><td>hinaus</td><td></td></tr>
<tr><td align="right">zurück zurück zurück</td><td>applaus</td><td></td></tr>
<tr><td align="right">zurück, von neuem</td><td></td><td></td></tr>
<tr><td align="right">verrückt, vertäuen</td><td>zu geben dem leben</td><td></td></tr>
<tr><td align="right">zurück zurück zurück</td><td>dem leben zu geben</td><td></td></tr>
<tr><td align="right">zu zielen</td><td>zu geben dem leben</td><td></td></tr>
<tr><td></td><td>dem leben zu geben</td><td></td></tr>
<tr><td align="right">zu geben zu nehmen</td><td>zu geben dem leben</td><td></td></tr>
<tr><td align="right">zu leben zu streben</td><td>dem leben zu geben</td><td></td></tr>
<tr><td align="right">zu geben zu nehmen</td><td></td><td></td></tr>
<tr><td align="right">zu leben zu streben</td><td></td><td></td></tr>
<tr><td align="right">zu geben zu nehmen</td><td>zu zielen</td><td></td></tr>
<tr><td align="right">zu leben zu streben</td><td>zu zielen</td><td></td></tr>
<tr><td align="right">zu geben zu nehmen</td><td>zu zielen</td><td></td></tr>
<tr><td align="right">zu leben zu streben</td><td></td><td>zu ende</td></tr>
</table>

zeitbrei:rezept

gehackte zeit
zitronensekunden
ein schälchen wind
eine prise erinnerung
vermengen

drei atemzüge lang rühren
ziehen lassen

einmal um die welt

eine kopfnuss
mit einer herznuss
im erwärmten lügenschmalz
zwei träume lang
köcheln

dem zeitbrei beifügen

aus erhärteten verdachten
eine form bilden
mit einer ahnung von zimt
ohne *aus*zucker
bepinseln

zweimal um die welt

den brei in die form gießen
die sonne
auf oberhitze stellen

die form mit der masse
mit etwas öl
aus der vergangenheit
beträufeln
obenauf ein hauchdünner
schleier des vergessens

in die welt stellen

einmal um die sonne:aufwachen

novemberliches wortbild #5

das blatt hat sich entblättert
herbst ist geworden
und karg die worte
knistern
mancher buchstabe
weiß nicht wo er hin soll
ist
durch den wind
ein igel
raschelt in den geschichten
und sticht sich
am einen und anderen, beistrich

geläuterte rückkehr

von den hängen
mit den bäumen
und den steinen
            aus dem flusslauf
            mit dem wasser
            über den steinen
aus den bergen
mit den ameisen
auf den steinen
            aus der welt
            mit dem leben
            in den steinen

sind wir zurückgekehrt
            um
von steinen
                  zu erzählen
            und
                  alles
      damit zu meinen

es floss wohl ein Fluss
doch die Wüste
wollte ihn nicht

die Wüste sagte
er sei ein Fremder

von untertage

es ist ein glauben
verankert
& ein priester
reitet auf dem samen

worte gehen
aus den fenstern
& entnebelt
ist die herzensfarbe

es ist freundesschweiß
geatmet
& der tag
der nacht ihr mahl

worte kommen
durch die fenster
& benebelt
ist die sinnesfarbe

es ist zeit
vergangen
& die lehre
zum frühstück der apfel

traumfang

nachtmilch bildet dunkle pfützen
wellen gleiten sanft dahin
um des traumes kern zu schützen
sei bloß vages tiefer sinn
irgendwo in tiefen schlafen
welche lebenswurzeln treiben
dort wo sich die tränen trafen
soll ein sanftes lächeln bleiben
der sinn ist bloß in kleinen stücken
fassbar für das dritte auge
in kleinen schritten näher rücken
damit nicht das vergessen sauge
dann gelingt vielleicht der blick
auf was der kern in sich verbirgt
ich fleh für etwas vom geschick
jemand zu sein, der träume birgt

tun-stunde

danach tu ich duschen
doch zuerst tu ich computer

ich tu und es tutet
es tutet, irgendwo
was tut da so?

das tuten kann mich vom tun nicht abhalten
vielleicht hat das tuten zu tun mit dem tun
ich jedenfalls muss was: tun

kann nicht vom tuten mich

aber lästig ist das schon

vielleicht tu ich doch zuerst duschen
und tu mir das tuten weg
aus den ohren waschen, das tuten des tages
was tut das schon?

da tuteten taten
getanes des tages
ich tat sie weg
doch sie taten nicht mit
tuteten bloß anders

tut nichts, sage ich
und schreite zur tat
denn tu ich nichts
tutet alles nur noch viel tutiger

du, die hunde & ich

ich geh ungern vor die hunde
denn wenn sie beißen
bin ich verletzt

ich geh lieber hintenrum
denn die wunde
brauch ich nicht
es war ja

die wunde ein punkt
und der punkt ein wunder: dass
der so schmerzen kann

der stich den du setztest,
weißt du noch
du sagtest ich solle doch mal was
mit tieren machen

und ich ging vor die hunde
die bissen
dein gewissen
(störte sich nicht dran)

pablo II

dein kopf riecht
nach haar und
unsingbaren noten, dein
herz schlägt
schneller wenn der wind
lauter weht

dein blick geht
in die höhe, tiefe
& ins grün, folgt
der welt achtsam
und findet die kleinigkeit
überall

dein schlaf ist
wachsam und
schneckenartig, dein
zuhause ist
für momente
mein schoß

gedankenspül

leer:voll:fühlen:pochen
/ diffuses gedränge im kopf

gedanken an den nerven
zerrend: hinaus:ihr wille

kein wille: eigener
kein eigenes: ei: dem schicksal gelegt

das schicksal gibt es: nicht
wirklich ist wirklich ist

lehre:leere: ist auch fülle
& unwirklich: der gedanke

erneut hinab gezogen

ins

.

.

.

gefahr im fernzug

dünner mensch mit dürren beinen
an den schenkeln kaum fleisch
hat eventuell probleme
mit mangel
erscheinungen

erschütternd könnte der anblick sein
wie er so wankt
doch die erschütterung kommt
zum glück nur
vom fernzug

österlicher wortsalat

mitternacht, stundenschlag
sterne gehagelt voll
himmel
frühlingswind, wessen kind
österlich
glockengebimmel

fasteneid, ganzeneid
freitags solln klappern die
zähne
kreuzestod, stundenschlag
herr jesus, so sieh
meine träne

ostergruß, friedenswerk
der seligmacher
weltlos, gehimmelt
menschenweis, gottverheiß
ein märtyrertod
wird bebimmelt

nachtlektion IX

ich bin aus den tagen gefallen
durch die zwischenwelt
der dämmerung gehuscht
und in den nächten versunken
dort habe ich das sehen verlernt
um das sehen zu lernen

ein körper

wir lagen uns in den armen
und den haaren
in den beinen lagen wir uns
und in den mündern
in den blicken
den atemzügen und nichts
war mehr zwischen uns

wir vermischten uns
atmeten gemeinsam
wir lagen uns in armen und beinen
und becken und kniekehlen
in den lenden
in der zusammen
erzeugten hitze wir

teilten die haut
und den bissen luft
zwischen den küssen
wir flossen ineinander
und aneinander entlang
wir wünschten uns gemeinsame tränen
entschliefen umschlungen

und als wir erwachten
lagen wir uns in den armen

bild zwei

fleisch klatscht gegen fleisch
und tränen fließen

alles ist so nah
alles ist so fern

der orgasmus
ist von gewalttätiger schönheit

schade, dass du nicht da warst
ich hätte dir so gerne gesagt
dass ich heute keine Zeit habe
um mit dir zu sprechen

lach, butterblume

das butterweiche lächeln
das du mir entgegen schmeißt
unter deinen brauen die mich einladen
dir zu misstrauen
kann ich nicht vergessen
kann ich nicht
kann ich
kann
und es verwirrt mich
verwirrt mich sehr
ich verirr mich
in deiner butter
finde mich wieder auf deinem brot
und kurz bevor ich in deinem mund
verschwinde
zergehe
zermalmt werde
vergeht
dein lächeln
da du den sieg schmeckst
                                        in seiner bitternis

dann schluckst du mich
und lächelst zum nächsten

ein schlechter tag

tiefe worte
tränen tropfen
zwischendurch
ein scharfer wind
von den prügeln
trachten tragen
mittendrin
ersäuft das kind
weitermachen
kreise kriechen
keine rücksicht
kaum ein blick
ohne skrupel
kranke kränken
für den großmut
kein geschick
lichter löschen
schatten schaffen
nichts vom reinen
hat bestand
an den wunden
schwerter schärfen
tanzen bis zum
wahnesrand
keine gnade
fahler frieden
schwarzgedacht
ein schlechter tag
bleibt am ende
feiges fühlen
herzgehacktes
uns zur plag

ansuchtssache

er hat seine sucht
und ich hab die meine
und wenn sie sich nicht entsprechen
so sind wir zwei
die einfach aneinander vorbeisüchteln

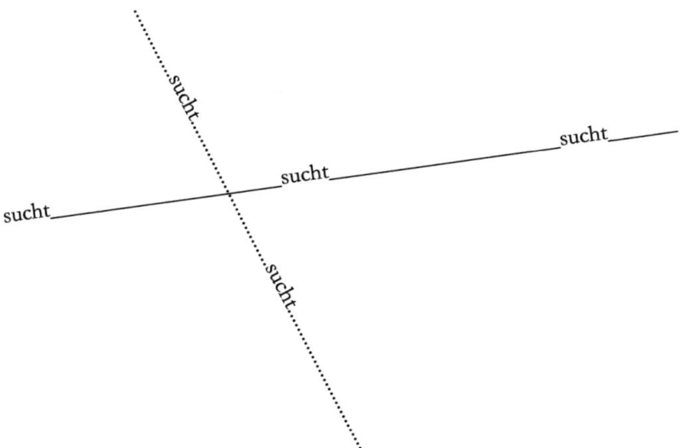

warnhinweis

verletz den tiger nicht
oder da ist kein fell mehr
kein weich federnder gang
kein majestätisch erhabenes tier
verletz den tiger nicht
oder es bleibt nichts
als ein maul

fischolog

tote fische lügen nicht
wasser dringt in ihren mund
unbeweglich bleiben ihre *k i e m e n*
ausdruckslos starren ihre augen in die
richtung, in die der tod, der mensch, ein tier
oder die strömung sie gelegt hat s e h e n
können sie dort *n i c h t s* mehr
menschen töten fische, bevor sie sie essen
tiere töten fische, indem sie sie essen
fische töten sich nie selber

i m ü b r i g e n l ü g e n
a u c h l e b e n d i g e f i s c h e n i c h t

die zeit der dunklen nässe

ein gewitter zieht auf
seit tagen schon
und der schweiß kriecht
in den wind

das donnergrollen
hat seine blitze verloren
nun klingt es fern nach
leerer drohung

das blaue
ist über den gipfeln
ergraut die sonne
bloß erinnerung

erste tropfen
fallen schwer
auf klingende blätter dann
brechen schleusen

und es gibt kein halten
regen rauscht
und die drohung ist wahr
geworden zur erlösung

verkehrt ist alles helle
und wasser nimmt die sicht
auf die berge
blüten alter zeiten

wintergedanken

der winter kratzt
nunmehr in den gesichtern
spärlich
sind auch
die weißen spuren
zu sehen

im winter kann
jeder behaupten
er
könne auf dem wasser gehen
doch wann schneit es schon
im nahen osten

mondkreis

der mond von meinem fenster aus
mein süßlicher geschmack
gedanken wie vom irrenhaus
ich steig in sie hinab
und labe mich an meinem fleisch
und spinnen sehn mir zu
die haare machen kein geräusch
doch finden wenig ruh
ich schwimme durch die zeit als raum
die nacht trinkt meinen schweiß
vom wald der wälder bloß ein baum
doch für mich selbst ein kreis

erinnerung an morgen

abgeknickt, die schellen
zwei töne und ein brennen
und die ohren sehen
und die augen schmecken

etwas, von der schärfe
bleibt im tauvollen aste hängen
ein anderer teil davon
geht mit den winden

tote abenteurer
(für amundsen et al.)

haben die teuer abenteuer bezahlt
mit ihren leben haben die
die gegangen sind zu sehen sind
unsichtbar gewordene
haben getanes gelassen und ver
ließen fließend ihre leben
teuer für abenteuer bezahlt habend
sind geschichte sie
gewordene

ohne worte

gedanken bestehen nicht aus worten
können sich nur annähern
das formulieren bleibt ein versuch
& das verstehen

eine hoffnung

gedanken, gedanken, gedanken
– geh du doch danken!

in erinnerung

(hofgartenimpression)

der in schwarz
der das rad schob und
lächelte weil ich schrieb
nach unserer sprache
in der sonne die
ein warmes
licht über ihren abschied streute

und der nachdenkliche
auf der gelben bank neben
der ich schrieb
und der gedanke der
mir keinen einblick gewährte
in die temperaturen
des künftigen gefühls

und am feng shui stein
der baumspiegel und
die kinderspiele um seinen stamm
über den ich kaum ein wort verlor
und nasse füße die
im gehen durch die gezeiten
keine übung hatten

ode an lola

lola kommt
und schmiegt sich an mich
lola sucht den flug
im bild
lola steht und schaut
entzückt mich
lola forscht und
lola sieht

lola läuft
die welt entdeckend
lola findet
schätze dort wo
niemand schätze
je vermutet
lolas ohren
andres wort

lola streckt sich
und empfindet
lola schaut
wie niemand sonst
wieder kommt sie
unerblindet
sie liebt das spiel
ist wieder fort

draußen klappern
unten kratzen
lola bückt sich
ihre welt
ihr haar ist silbern
sie mag spatzen
lola weiß nicht
was sie zählt

deine schönheit ließ worte entfallen

du warst so schön
dass ich meine worte verlor
dass ich zwischen die zeilen fiel
die zu spalten geworden
in deinen augen versanken

du bautest aus worten ein boot
nahmst mich an bord
und wir fuhren
durch nächtliche wellen
in den morgen

als wir erwachten
wollte ich meine hand
zwischen deine schulterblätter legen
doch die verlorenen silben
gaben dem wunsch keine form

dass du so schön warst
und ich stumm
hatte zu tiefe gründe
als dass es zeit gewesen wäre
sie zu benennen

du warst so nah
dass ich meine worte verlor
doch ich lieh mir die deinen
und erzählte dir
dass du mir im traum erschienen warst

kleine & große wahrheiten

das tier wahrheit
    krallenfüßig/barhäuptig/
        kriechtläuftspringt /

auf uns zu/
    zu auf uns

springt l ä u f t k r i e c h t
    unbedeckt/unbeschuht
das tierchen wahrheit

quod erat demonstrandum

an jenen stellen
die mir das leben zerkratzte
an jenen
wo sichtbar wurde
dass die krallen
sich in mich schlugen
an jenen
beweiskräftigen wunden
legt sich fest
wie sehr ich es war:
am leben

und kämpferisch

vom herz im meer

das herz hat
keine fenster mehr
im herzen
schweigt die sonne
und draußen
geht der tod einher
mit einstmals
lauer wonne
das schweigen sagt
es ist nicht mehr
die trauer
zeigt verständnis
erinnerungen
schmerzen sehr
was fühlt
ist in bedrängnis
seit tagen
sind die speicher leer
und nichts scheint
wie es war
wie treiben einsam
in dem meer
das leben
einst gebar

erinnerung ohne tatsachen

unter meinen nägeln
der schmutz vergessener
tage und tränen die

und abgebrochene
nächte, licht allzu viel
hinterm geschlossenen lid

zwischen meiner maske
die erinnerung
des letzten wieso, ungewaschen

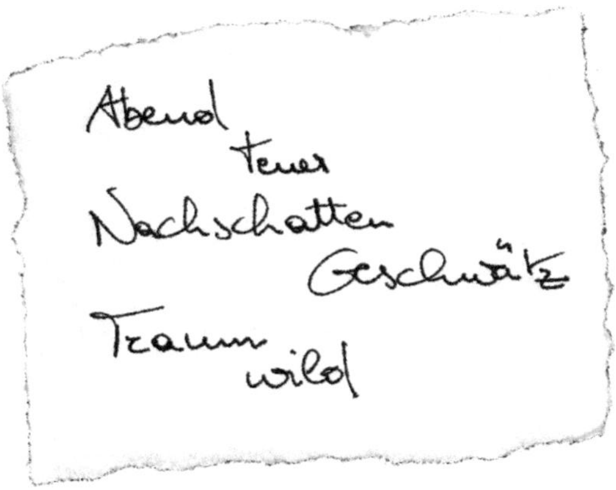
Abend
teuer
Nachschatten
Geschwätz
Traum
wild

was & wer

was sind das für
ständige stöße
in den unterleib
wo sie gewalt
ausüben statt
nur verlangen und
wer hält die
nadel der tausend
stiche
für herz wie
für frieden bereit

was ist das für
trauriger regen
aus dem sommerloch
der das leben
vergrämt statt
zu vermehren und
wer hat das
wort der letzten
hoffnung
für zeit wie
für ohren parat

weltwirtschaftskrise

das viele geld
das verbrannte
haben die meisten nie gesehen
im fehlen aber:
räder sind entflohen
der globale bumerang
rasiert die schwachen
& das unwissen

die zusammenhänge
sind uns entglitten
wir erkannten
weltumspannende
ellbogentechnik
abhängigkeiten
& wie systeme
bersten

das wegschauen lohnt nicht mehr

da glauben immer alle
dass jemand
darauf achten wird
auf alles
& dass ohnehin
alles
sicher ist, zivilisiert
sich ausgleichend
doch

un
verständnis

der tauben ohren worte
auf dem parkett des weg
hörers zerschellt hallen
wider im bruch
und schreien an
klagen an wider
taube wände
(aus wasser und fleisch)

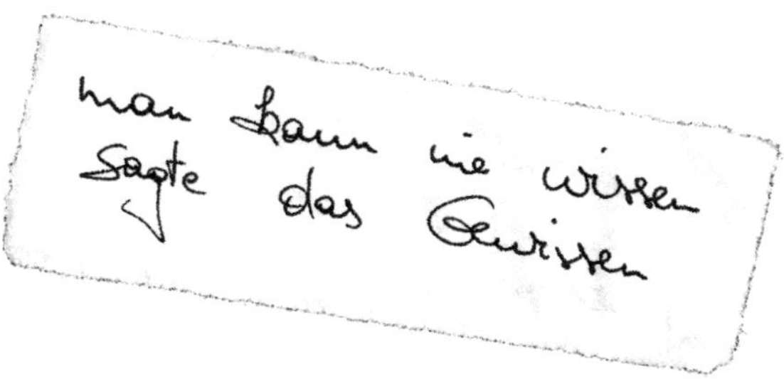
man kann nie wissen
sagte das Gewissen

ein wort an die kalte nacht

(sie schleicht & spricht)

sie schleicht durch
kippen
schleicht durch
haare
schleicht und weht
und frischt

sie ist
aus nachtmilch
sagt
das wahre
an poren brandet
gischt

sie spricht
nicht wirklich
spricht
durch schweigen
spricht und kommt
herum

sie legt dich
schlafen
ihre geigen
setzen
tagwerk
stumm

die lyrik, die prosa & ich

ich vergnüg mich mit der lyrik
doch sie wehrt sich sehr
im bett
sagt ich würde sie betrügen
mit prosa
dabei
sind wir doch alle
imgrunde
sprachfreunde

es gibt so tage

dunkel ist es am morgen
und dunkel zu mittag
dunkel der nachmittag
und vom abend, der nacht
ist nicht zu reden

hell ist bloß
die katze am rande
und ganz in der ferne

du

dann legte er
einen
Kettenbrief an
& versank
in der Tiefe

abend mit dir

ideen drehen ihre kreise
in deinen haaren
unterm tisch gurrt
die katze der wind
hat sich gelegt

du legst dich
an meine seite
und tief
in mich hinein wir
ernten gerne sturm

für pablo (auf 10 uhr)

im kringel liegst du
nahe, immer nahe
und die fliegen sind
dir sprung
                haft
                happen

wie oft hört ich
dich scharren wie oft
entgingst du meiner
hand, weil
                    d u
wille bist, rasender

und deine krallen
atmen sich in
meine: haut
                        und du bist
            lächeln, mein
freund und kater

ein treues gurren, ein
schmunzeln auf den lippen
              die du nicht hast
und erfrischend wenig
menschliches an dir
                im kringel
nahe dort, fern
in der katzen
                welt,
                irgendwo

im zeitrausch

so vergehn die tage
und das korn verteilt am
horizont die
teile unteilbar
und stunden gehn wie
läufer achten
                    nicht auf das start
                                                  signal
                                                            laufen
los, einfach los
und fort

und abende kommen
kommen und / *nicht*
                          anders /
                                      stehn
            in nichts nach
an vergänglichem laufen
wie alles läuft blicken
zurück und sehn einzig
der mensch blieb stehn

ein tag (nach der ankunft)

etwas unordnung hab ich gemacht
und nicht viele worte dazu
etwas vom staub geschluckt
          etwas von der zeit versessen

etwas tönern bin ich gewesen
und stundenweis ein kaffeefreund
etwas gedankensud hab ich gekocht
etwas abgeschieden gegessen

etwas vom eros hab ich verschüttet
und nicht viele worte dazu
etwas vom tag gehackt
etwas davon in die tasten gespuckt

etwas ordnung hab ich gemacht
und nicht wenige straßen dazu
etwas fürs gewissen geträumt
etwas
          in die nacht gebracht

weshalb die scheu?

ein reh bin ich obschon
wolf auf der etikette steht
und tiere:
haben keine etiketten

ich sag es sind die andern doch
selbst: ich: lass mich kaum
streicheln
und nahen kaum

ein reh bin ich
nicht mal ein hirsch
und bleibe doch mensch der
über allem zu stehen hätte

mir war die welt ein
schießgewehr hat scheu mir
ins blut gepresst:
ins herz

und doch, hinter den blättern lugt
das reh hervor und hofft
dass sein sehnen laut genug tönt
dass andre rehe

geschenk an den verlierer
oder: potzapreis

es stehen boxer in den ringen
letztlich sind sie zu bezwingen
durch die töne hoher mächte
und durch rohe muskelkräfte
es kommen runden, kommen schläge
und wenn es nur an ihnen läge
bräuchten sie die punkte nicht
für treffer direkt ins gesicht
es ginge, wie es ginge, aus
mit aug um aug und faust auf faust
die meisten wissen gar nicht, dass
sie kämpfen ja nicht so, zum spaß
sie ringen um ein höheres ziel
dass wenn dann endlich einer fiel
ein himmlisches geschenk er kriegt
wenn er dabei auch auf die fresse fliegt
so darf der boxer in den ringen
doch hören wie die englein singen

meinung und deinung

lass mir meine
halte deine
höre seine
komm ins reine

meinung deinung seinung

sein und lassen
leben fassen
fassen können
leben lassen
lassen können
sein und fassen

jedem vorerst seinung

reden drüber
und sinnieren
tief in fremde
sinne stieren
hie und da auch
protestieren
doch die freiheit
nicht verlieren

meinung deinung seinung

habe meine
hast du eine
hast du keine
komm ins reine

bild dir eine deinung

Inhalt

Bisherige Publikationen der pyjamaguerilleros*:

Nr. 14: *Tiroler Sensenmann-Blues. Ein Hypo-Roman.*
Christian Kössler
2013: Innsbruck. ISBN-Nr. 978-3-9503021-4-1

Nr. 13: *hymne an die sinne.*
???affe!!!
2013: Innsbruck. ISBN-Nr. 978-3-9503021-3-4

Nr. 12: *Kommissar Probaska: Geldstadt Innsbruck. Ein Hypo-Roman.*
Daniel Suckert, Vorwort: Inspektor Hermann Maier
2013: Innsbruck. ISBN-Nr. 978-3-9503021-2-7

Nr. 11: *Pitsch, Patsch, Putsch! Das Manifest von Budapest*
der Schreibmaschinen Joanna Maria Egger,
Daniel Furxer und Thomas Schafferer
2012: Innsbruck. ISBN-Nr. 978-3-9503021-1-0

Nr. 10: *Kommissar Probaska: "Weltstadt" Innsbruck.*
10 humoristisch-skurrile Kurzgeschichten.
Daniel Suckert, Vorwort: Harald Haller / Schienentröster
2010: Innsbruck. ISBN-Nr. 978-3-9503021-0-3

Nr. 9: *Über das Fallen.* 41 Gedichte und 1 Fragment.
Andreas Brugger
2008: Innsbruck. ISBN-Nr. 978-3-9501923-9-1

Nr. 8: *Kaiserschmarrn.* 20 absurde Kurzgeschichten und -krimis.
Thomas Schafferer, Vorwort: Christian Kössler
2008: Innsbruck. ISBN-Nr. 978-3-9501923-8-4

Nr. 7: *Lyrik Rocks.* 2-3-4 rotzfreche Tracks.
Thomas Schafferer, Vorwort: Florian Pranger (Hrsg.)
2007: Innsbruck. ISBN-Nr. 978-3-9501923-7-7

Nr. 6: *Bestialisches Innsbruck.* 12 mysteriös, düstere Kurzgeschichten.
Christian Kössler, Vorwort: Florian Pranger (Hrsg.)
2007: Innsbruck. ISBN-Nr. 978-3-9501923-6-0

Nr. 5: *Female Lyrics,* Texte über Galtür, Hopfgarten i. Br.
und Galtür.
Barbara Aschenwald, Petra Maria Kraxner, Esther Strauß,
Vorwort: Barbara Hundegger
2006: Innsbruck. ISBN-Nr. 978-3-9501923-5-3

Nr. 4: *digitally remastered.* 227 Gedichte aus den Jahren 1992-2006.
Thomas Schafferer, Vorwort: Joachim Gatterer (Hrsg.)
2006: Innsbruck. ISBN-Nr. 978-3-9501923-4-6

Nr. 3: *Gott vs. Satan.* Die größten Flops (...) der Schreibmaschinen
Daniel Furxer und Thomas Schafferer
2003: Innsbruck. ISBN-Nr. 978-3-9501923-2-2

Nr. 2: *1. Int. Upper-Ground-Festival.* Spectre vs. Cognac & Biskotten. Anthologie
2003: Innsbruck. ISBN-Nr. 978-3-9501923-1-5

Nr. 1: *splitternackt.* 28 Gedichte.
Thomas Schafferer
2001: Innsbruck. ISBN-Nr. 978-3-9501923-0-8

* *Kleinverlag von Cognac & Biskotten - Dem Literaturclub mit dem Wow-Aha-Effekt - www.cobi.at*

Über den Autor

Wolfgang Nöckler, geb. 1978 in Südtirol, lebt seit einiger Zeit in Innsbruck, überschreitet unregelmäßig die Berge, pflegt neben der Lyrik auch viele andere Textgattungen sowie das Fell seiner Katzen, spielt vehement Gitarre & singt dazu mit vielen Umlauten.